SOCIÉTÉ DES AMIS DES ARTS
DE LA MOSELLE.
1846.

CATALOGUE
DES
TABLEAUX, DESSINS
ET OBJETS D'ART
EXPOSÉS DANS LES SALLES DU MUSÉE,
A METZ.

Prix : 25 centimes.

L'exposition est ouverte depuis dix heures du matin jusqu'à cinq heures du soir.

TYPOGRAPHIE DE DEMBOUR ET GANGEL, A METZ.

NOTA.

Les listes de souscriptions resteront ouvertes jusqu'à la clôture de l'exposition.

Le prix de chaque action est fixé à 5 francs.

Tout souscripteur de 2 actions aura droit à la lithographie exposée, qui représente la Sainte-Famille, impression à quinze couleurs, qui sort des ateliers de MM. Dembour et Gangel.

Les souscriptions seront reçues par l'agent de la société, dans le local de l'exposition, et par M. Mathieu, trésorier, caissier de la Recette générale.

Le tirage des objets acquis avec le montant des souscriptions aura lieu à la suite de l'exposition.

CATALOGUE.

B

Mlle BERNARD,

à Metz.

1. Jeune Fille tenant des Fruits.

C

M. CRAS,

Peintre décorateur, rue Fournirue, 50, à Metz.

2. La Lecture de la Bible.
3. L'Écrin.
4. Le Plat d'étain.

D

M. DESROBERT,
A Metz.

5. Vue du Château de Chillon (lac de Genève.
6. Vue prise sur la route de Nice à Gênes.
7. Vue de Villeneuve (lac de Genève).
8. Vue du Lac de Côme.
9. Portait de M. C.

M. DUBUISSON,
Ancien Peintre du duc de Bavière, rue Serpenoise, 13, à Metz.

10. Bas-Reliefs du Palais de Justice, du côté du Jardin de Boufflers.
    Ces bas-reliefs n'existent plus.
11. Esquisse d'un Tableau.
12. Paysage.
13. Camée.

F

M. Émile FAÏVRE.

14. Quatre Paysages au crayon dans le même cadre.

Mme FAIVRE, née CAPIOMONT,

Rue Jurue, 25, à Metz.

15. Un Portrait en miniature.

M. Eugène FEYEN,

Place de Grève, 11, à Nancy.

16. Une Jeune Fille à la Fontaine.
17. Le Petit Chaperon rouge.
18. Portrait de M. F.

M. FRANQUIN,

Chez M. Thiébault, à Metz.

19. Deux Médaillons en marbre.

M. FRATIN, Statuaire,

Rue de la Ville-l'Évêque, à Paris.

20. Statuette du duc d'Orléans.
21. Deux Chiens de chasse.

G

M. Alexandre GÉNY,

à Nancy.

22. Portrait de Mgr. l'Évêque de Nancy (aquarelle).
23. Portrait de M. de M... (aquarelle).

24. Portrait de M. M. de F. (aquarelle).
25. Portrait de Mme F. G. (*id.*)
26. Frère et Sœur (*id.*)

M. GAY,

Garde du génie en retraite, à Metz.

27. Plans, Coupes et Élévation de la Cathédrale de Metz, sous un même numéro.
28. Plans, Coupes et Élévation de l'église Saint-Vincent de Metz.

M. C. GALLYOT,

A Metz.

29. Un Portrait (dessin).
30. Un Paysage —
31. Une Forêt —

H

M. Auguste HUSSENOT,

Rue aux Ours, 20, à Metz.

32. Portrait de M. A. R.
33. *Id.* de Mme H.
34. *Id.* de Mlle Octavie H.
35. Sainte Elisabeth de Hongrie.
36. Saint Jean-Baptiste (pastel).
37. Portrait de M. René M. (pastel).

M. Joseph HUSSENOT,

Agé de 19 ans, chez M. Auguste Hussenot, son père.

38- St Marc, évangéliste, grisaille destinée à la décoration du chœur de l'église Saint-Vincent de Metz.
39. Une Kermesse, dessin à la plume.
40. Le Corps de garde flamand, *id.*

41. Une Vieille Femme, étude à la plume.
42. Le Broyeur de couleurs, *id.*
43. L'Epitome Historiæ Græcæ, *id.*
44. Les Embarras de Paris, *id.*

> Des Paveurs en ce lieu me bouchent le passage,
> Là je trouve une croix de funeste présage,
> Et les couvreurs grimpés au toit d'une maison,
> En font pleuvoir l'ardoise et la tuile à foison.
>
> (BOILEAU, *Satire* VI.)

L

M. PAUL LAURENT,

Rue Saint-Dizier, 22, à Nancy.

45. Vue du Val d'Ajol.

Mlle ALEXANDRINE LALLEMANT,

Rue Tête-d'Or, à Metz.

46. Le Pêcheur.
47. Une Tête d'étude.
48. Le Paysan Lorrain (pastel).

M. LEBORNE,

Directeur de l'école de dessin au musée de Nancy.

49. Instinct et Dévouememt (tableau).

Une pauvre femme et son jeune fils, traversant le passage des Alpes, ont été surpris par une mauvais temps et ont perdu le chemin. Epuisés de fatigue et de besoin, ils sont couchés sur les neiges éternelles où ils vont bientôt expirer, glacés par le froid; mais les chiens intelligents du couvent amènent auprès d'eux les moines charitables. Le plus jeune ayant marché plus vite que ses frères, leur crie de venir à son aide pour porter secours à ces malheureux.

50. Portrait de l'auteur.
51. Un Jeune Garçon en costume asiatique (étude d'après nature.)

Mlle LENEVEUX,

A Metz.

52. Portrait de M. L. (pastel).
53. Portrait de M. J. (id.).

M

M. A.-C. MALARDOT,
A Metz.

54. Six eaux fortes, sous un même numéro.

M. Auguste MENNESSIER,
A Metz.

55. Paysage.
56. Moines dans une forêt.
57. Forêt.
58. Troupeau.

M

M. Auguste MIGETTE,
Rue aux Ours, 20, à Metz.

59. Procession de la fête de saint Marc, sortant de la Cathédrale de Metz, en 1640, avec l'image du Grauly et les reliques de saint Clément.

60. Vue prise à Oberwesel (bords du Rhin).
61. Le Soldat (étude).
62. Le Moine (étude).
63. Fruits (étude).
64. Huit vues de Metz (dessins).
65. Bords du Rhin (croquis).
66. Cinq projets d'architecture : deux façades d'église, deux autels, un tombeau.

P

M. PETITMANGIN,

Place des Maréchaux, 1, à Metz.

67. Portrait en buste de M. Champigneulle.
68. Portrait en médaillon de M. Robinet.
69. Portrait en médaillon de M. J.....

M. Charles PETTE.

70. Buste de Mlle B...
71. Buste de M. L...
72. Buste de M. le docteur S...
73. Buste de M. J...(Paul).

M. Auguste PROST, de Metz.

74. Une vue d'Italie.

S

M. SALZARD,
Rue des Clercs, 9, à Metz.

75. Un Héron.
76. Une Cigogne.
77. Un Lièvre.

M. L. SCHÉRER, à Metz.

78. Corps de garde.
79. Un Hallebardier.
80. Deux Soldats en gaieté.

Madame STUREL, née PAIGNÉ,
Rue des Prisons-Militaires, à Metz.

81. Fleurs, pastel.
82. — —.
83. — —

M. Auguste TERQUEM,
Rue du Heaume, 8, à Metz.

Dessins à la plume, copies de gravures d'après différents maîtres.

84. La Vache.
85. Les Charlatans.
86. L'Atelier du Peintre.
87. Les Pères du désert.
88. Lecture au corps de garde.
89. La Décollation de saint Jean.

M. THORELLE, à Nancy.

90. Un Intérieur.
91. Le Vieillard malade.
92. Le maréchal de Meilleraye (dessin).
93. Henri II (dessin).
94. Chevert (dessin).

V

M. VAULTRIN, de Nancy.

95. Halte de Chassseurs.
96. Vue prise dans les Vosges.

www.ingramcontent.com/pod-product-compliance
Lightning Source LLC
Chambersburg PA
CBHW061619040426
42450CB00010B/2564